AF599390

EN LA DUNA BLANCA

SANTIAGO MÉNDEZ

Aliar ediciones

Traducción al francés: Claire Nicolas
Corrección: Eladia Guerrero
Diseño de cubierta: Aliar Ediciones
Maquetación: Aliar Ediciones

Depósito Legal: GR 1033-2025
ISBN: 979-13-87823-60-3

Impreso en España

Edita
ALIAR Ediciones
www.aliarediciones.es
info@aliarediciones.es

EN LA DUNA BLANCA

SANTIAGO MÉNDEZ

Taller de almas o En la duna blanca

A la memoria de ***RAJAE SAFRAOUI****, en quien todo confluyó*

«Vuelve a tus dioses profundos».
Eugenio Montejo

Una manera de reflexionar sobre lo aprendido es escribir en nuestras propias palabras aquello que entra en sintonía con nuestro ser interno. Así, intentaremos escribir lo que aún conservamos en la memoria de los temas tratados, a través de la sabiduría de los antiguos y mediante el contacto con la poesía. La alquimia espiritual o hermética, llamada también la Operación del Sol, es un trabajo espiritual usado para refinarse. «Es un sistema de indicios». Hay desacuerdos sobre si se dio a conocer primero la alquimia física o la alquimia hermética y espiritual. Uno de los pilares de la alquimia consiste en cultivar la virtud, o la capacidad de pasar de la potencia al acto.

De esta manera lo entiende nuestro poeta Santiago Méndez, hombre de gran preparación intelectual y amante desde niño de la poesía. Él sabe, como persona culta, que en latín *virtus* es la actividad o fuerza de las cosas para producir o causar sus efectos, poder o potestad de obrar, disposición constante del alma para las acciones de acuerdo con la ley moral. También se la define como espíritus bienaventurados, cuyo nombre indica fuerza viril e indomable para cumplir las operaciones divinas. Nos referimos a la necesidad de ser virtuosos, en el sentido de ir del pensamiento al acto. De nada sirven buenas intenciones o propósitos si no se llevan a efecto. Cuando se descubre lo que se debe hacer, hay que hacerlo o se pierde la gracia. Es gran cosa obrar bien independientemente de los preceptos legales, diría yo, obrar alineados con nuestra conciencia. El poeta Méndez ha marchado sin miedo del pensamiento al acto.

Vanidad

Llaman la atención los comentarios de la prensa acerca de las personas que se someten a la cirugía estética. Hay un anhelo detrás de ese querer transformarse, buscar la belleza y la juventud físicas. Tal vez no caen en la cuenta de que ese deseo proviene de algo profundo, de una necesidad de cambio que procede del alma. No es un mero asunto de vanidad. Lo que sucede, me permito agregar, es que de poco vale verse más joven, más bello, si esto no va acompañado de un trabajo de metamorfosis interna. Poco dura la alegría, porque no se detiene el paso de los días. «Y el tiempo, cuando no otorga sabiduría, destruye». Me refiero asimismo a la gente que come en exceso y explica que es a causa de un vacío, de una nostalgia de algo que no se sabe qué es.

Los protagonistas que representan el yo y el tú poéticos en este libro trabaron una amistad sólida e imperdible salvo para la muerte. Y fue la muerte quien apareció, como contraste desconocido por nuestra ciencia inventada de la alquimia hermética. Y sobre todo el enloquecido amor que es capaz de sentir el hombre o la mujer, hijos de esta «ciencia», y que la muerte segó de cuajo.

La tristeza

La ebullición que causa la alegría, siempre pasajera, es difícil que induzca al trabajo del alquimista. Los períodos de tristeza comprometen a indagar por qué la sentimos. Y no es cosa de salir corriendo a beberse «todo» el alcohol que encontremos hasta caer rendidos. Más allá de las causas inmediatas del entorno familiar o social, hay tristezas que se sienten y uno no sabe bien por qué. ¿Serán nostalgias del alma por encontrar su ser? Un país en crisis es un taller de almas, escuché decir. Y así fue el despertar de Santiago tras la muerte de Rajae.

DESPERTAR

Hay muchos días en este
que acaba de amanecer
con un disgusto de arena.

Vemos muchos infiernos
en el mundo, no me asusta
si esperas tras la muerte,

¿qué estancia habré de cruzar
en estas horas de luz diurna?,
¿sabrán mis manos alcanzarte?

Yace el sultán en su mausoleo,
no cantaré su poder ni sus cenizas
ni los trinos de poetas ensimismados.

¡Ay, casa!, bajo los pasos de millonarias
canta el Dante, muerta mi Beatriz, la sed del alba.

Antonia Sarmiento, una gran poeta colombiana, escribe al oscuro animal del sueño: «Retírate. Retírate hacia adentro. Un poco más allá, más hacia adentro. Empuja hasta tocar el borde. Respira fuerte. Exhala el aire reprimido en tu aliento. No te detengas. Aprende a caminar de espaldas. Deja tu frente al descubierto. Si te hieren, haz que tu cuerpo salte, se sacuda la sangre. No dejes que la luz te encandile. Cierra los párpados y mira lo que irradia la tiniebla. Lleva contigo tu desfallecida palabra, tu naciente canto. Inaugura tu voz en lo más hondo». Y en *Textos del desalojo* escribió Antonia: «Constrúyete en el nuevo día... Invéntate en el día que alumbra, tú, prisionera y sin habla». La lectura de estos versos revela el trabajo alquímico de la poeta. Lo que escribimos no es ajeno a nuestro transcurrir vivencial, a nuestras luchas, penas y gozos. Ni que decir tiene que el autor de este espléndido libro de poemas que prologamos, lo conociera o no, siguió ese maravilloso ejemplo.

Sol, Mercurio, Venus y Marte

Repasemos algunas de las cualidades del Sol, Mercurio, Venus y Marte. El Sol otorga bien, alegría, calidez, luz, vitalidad, propósito, nobleza y esperanza, y representa el corazón y la sangre. Mercurio rige los pulmones y el sistema nervioso, las comunicaciones, la transmisión de las ideas, la palabra, el lenguaje, la inteligencia, la verdad, la transmutación. Venus rige el sistema generador y endocrino y otorga la belleza, el amor, la unión, la empatía, los valores, la caridad. En cuanto a Marte, rige el sistema muscular y otorga la fuerza, el coraje, la pasión, la fe, la voluntad y la conjunción sexual.

LIBRO DE HORAS

Cuánto pesa
un minuto,
uno solo
de silencio.
Abate horas
que viviste
en tu espalda.
Y el mundo
calla su mudez

como los astros
tan lejanos,
tan vacíos,
enfermos informes
en su indiferencia.
Cuánto, cuánto
pesa un minuto,
el silencio.

Punto importante: el que no cultive las cualidades del Sol no puede iniciar el camino hacia la transmutación. El que sabe lo que tiene que hacer y no lo hace cae en la parálisis, lo que de seguro se traducirá en enfermedades del cuerpo.

Los procesos oscuros provienen de un «Sol negado». El que siente que debe actuar en determinado sentido y no lo hace cae en depresión. «Sin estar despierto no se puede morir para renacer». Habla también Antonia del «Marte negado», que conduce a la autodestrucción. La luz del Sol maneja información. Si estás deprimido, exponte a los rayos del sol de una manera consciente. ¿Por qué los reyes llevan una corona de oro? Porque el oro es un receptor solar.

El miedo

El miedo hace que perdamos el coraje, la «andreia». Escribe G. Clemenceau: «Es preciso saber lo que se quiere; cuando se quiere, hay que tener el valor de decirlo, y cuando se dice, es menester tener el coraje de realizarlo». Y Albert Einstein: «Los ideales que iluminan mi camino y una y otra vez me han dado coraje para enfrentar la vida con alegría han sido: la amabilidad, la belleza y la verdad». Pienso que muchos de los males que agobian al mundo provienen del miedo. MS nos recuerda la importancia de la respiración, respirar profundamente es vital para el esclarecimiento de las ideas y para salir de la parálisis que provoca el miedo. La inspiración no es un término poético, *inspirar* significa atraer el aire exterior a los pulmones, en primer término. Entre otros significados alude también al movimiento natural que Dios comunica a la criatura. «Si respiras sabrás quién eres». Son grandes los beneficios de la respiración y el ayuno. Para no perder nuestra red de comunicación interna conviene «volverse hermético» durante ciertos períodos, estar en el mundo sin mezclarse con él. Aprender a sustraerse de las cosas externas. Desear la verdad es acercarse a ella.

ESCRIBIR

Escribir porque escribir
es deseo y el deseo ansia
y el ansia sueños dormidos
sobre cartones en la acera.

Escribir al roce de un cuerpo,
sin temor ni respeto a las alas
angélicas detrás de la noche,

ni a la fiebre del robo otoñal
durante el sitio que las ninfas
imponen libres en el museo.

Escribir las oleadas de la calle,
escribir benditas las palabras,
escribir que la libertad guía,
escribir, a un riad donde de olvido
murió el escriba.

Escribir porque escribir se puede,
porque escribir se debe, por odio,
desengaño, inocencia y azar,
sobre todo por amor y por
trémulas esperas en un café
donde Brel aún canta a los viejos amantes.

Una de las recomendaciones es activar el timo, glándula u órgano hematopoyético y endocrino, que deja de crecer durante la pubertad y luego empieza a disminuir de tamaño; pesa 15 g al nacimiento, 35 g a la pubertad, 25 g a los veinticinco años, menos de 15 g a los sesenta años y 6 g a los setenta. Morfológicamente tiene —durante la época en que es más activo— dos lóbulos laterales en estrecho contacto con la línea media, situada en parte en el tórax, bajo el cuello. Los golpes de pecho que se dan al pronunciar el «Yo pecador» cristiano probablemente provienen de la necesidad de activar el timo mediante golpecitos. Y recordemos los golpes que se dan los gorilas para manifestar su fuerza.

Taller de almas

«Un país en crisis es un taller de almas». Una vida impropia, carente de inteligencia y sensatez, conduce a la mascarada. Y nos recomendó leer la obra de Rafael Cadenas, en particular su poema «As if» [Es como si]. Insistió en la importancia de la obra de Cadenas, que muestra un trabajo alquímico profundo y una gran sabiduría de vida.

Quizá el poeta que busca primero el reino, lo real, su justicia, confía en su advenimiento. Santiago leyó el poema de Emily Dickinson: «Ver un alma al Fuego Blanco [...] Refinando estos impacientes metales con martillo y con Fuego / hasta que la designada luz / responde al fin la fragua». Ella menciona un taller al cual asistió en España, con el gremio de los joyeros que utilizan las artes antiguas. El oro no se puede poner al fuego directamente, se coloca en un nido de hierro y solo se trabaja mediante el resplandor. El hierro pertenece a Marte, que es protector del Sol. Si Marte pretende ser más fuerte que el Sol se desata la violencia.

Leemos otro poema de Dickinson: «Una joya tenía entre mis dedos / y me quedé dormida. / El día era cálido y los vientos eran tediosos. / «Permanecerá», me dije, / y ahora un recuerdo de Amatista / es todo lo que queda». El trabajo espiritual de una persona determina su manera de vivir, es por ello por lo que se recomienda indagar en la existencia cotidiana y en los acontecimientos que marcan la vida de los escritores. No se puede perder la amatista entre los dedos sin trabajarla, pues se esfumará en el viento y no quedará de ella más que el recuerdo.

Aquí me detengo, mas he de continuar en el intento de recordar, acordar de nuevo, las palabras e ideas.

Concluimos esta nota insistiendo en recorrer el sendero hacia el recinto interno para indagar sobre nuestro ser, a través de la sabiduría de los antiguos y mediante el contacto con la poesía.

MIGUEL VEYRAT
Sevilla, 2025

A la memoria de RAJAE SAFRAOUI
en quien todo confluyó

OCASO EN LA DUNA BLANCA

Tuvimos derecho, amor,
a nuestra gloria, última,
efímera, de voces blancas,
recién estrenadas, ignorantes
de la pena que al desierto
lleva y en la arena abrasa
y trae la orilla de ese vacío,
bello y amargo como el mar.

No te lleves, Sherezade, la belleza,
quiero ocultarme entre los muslos
suaves de tus historias, de todas
las historias volanderas en tus labios.

Quédate un segundo más, alarga
la noche cerrando las ventanas
y cuenta aún mentiras, faros
del puerto contra mi naufragio,
átame al mástil seguro de tu boca
y olvidaré para siempre cantos
de sirenas, historias, Odiseo
salvado de las trampas del afán,
porque así mi guerra de Troya
nunca tendrá lugar en tus brazos
esfumados.

MUJER EN LA LLUVIA

Atraviesa esa mujer
el dédalo de la lluvia,
sortea los adoquines,
lápidas de camposanto.

Sigue una estela ciega,
destino que le marcaron,
ajena a la mirada del gato
colgado de los alminares.
Ante sus ojos azules la procesión,
en el aguacero de sus amantes,
la mira y se mira en un escaparate.
Veo mi rostro y los surcos perdidos
de su tiempo.

DESPERTAR

Hay muchos días en este
que acaba de amanecer
con un disgusto de arena.

Vemos muchos infiernos
en el mundo, no me asusta
si esperas tras la muerte,

¿qué estancia habré de cruzar
en estas horas de luz diurna?,
¿sabrán mis manos alcanzarte?

Yace el sultán en su mausoleo,
no cantaré su poder ni sus cenizas
ni los trinos de poetas ensimismados.

¡Ay, Casa!, bajo los pasos de millonarias
canta el Dante, muerta mi Beatriz, la sed del alba.

VÉNETO

Atemperan las barcas
su fluir por el canal
y esbozan los visillos
una sonrisa de mujer
que me mira y recuerdo

fantasmas, bailes, máscaras,
palazzi, brevedad de un deseo
que nada quiere ya
sino el rastro de tus días,
un resplandor fundido en diciembre,
arena entre las flores,
rímel de un aria,

mi corazón prendido al ojal de la belleza.

VÉNETO (2)
LLEGARÁ DE NUEVO EL MAR

con su señuelo blanco
y llenaré de piedras
los bolsillos, los ojos
de coral; las luciérnagas
que por el agua pululan
tanteando fauces, restos
roídos de náufragos
que no cantan nunca
las epopeyas y fueron
silencio frío de sirenas.

Alumbran las ondas
ventanas del canal,
convertidas bocas
que amenazan amor,
rosario de fantasmas,
cordel de indicios.
Tu imagen se revuelve,
que no la trague el agua.

SÁBANAS Y OLIVOS

Si muriera en otro mundo
pensaría que he vivido este,
que las barcas no existieron,
ni la pereza de los canales,
ni las sábanas que bordaron
unos dedos en Ouarzazate,
en aquella casa azul donde
lejos, rodeada de palmeras,
labraron en oro el destino
de nuestro tiempo, de nuestro instante.

ROSAS DE ABRIL

Ya no sé
si florecen
las rosas
en abril,
si la carne
que devoro
cada noche
y a mordiscos
me posee
es de animal,
fiera enjaulada,

ya no sé
a qué huelen
los abrazos,
pasto de olvido,
el portal
de tu casa
ni los días
carceleros
en la mía,

ya no sé
si hay deseo,
acaso erra
sin pena,

sin destino,
se diluye
tu nombre
en baile
de máscaras,
rondó infinito,
ya no sé
si he visto
tu rostro rescatado de la eternidad, del olvido.

NO TEMAS

No temas
oquedades
de tu alma
ante mis ojos.

No temas
los juncos
que mueven
los amantes,
ni siquiera
las asonancias
y su misterio.

No temas
la muerte
junto al lecho
pues aguarda
mi hombro
la cansada
curva de tu pelo.

No temas,
soy tranquila
espera, fuego
sobre el monte
contemplado,

lumbre de la noche
que a tu cuerpo
incendio lleve.

No temas
rescoldos violetas,
pasión en el río,
y observa, asume
el destino de una reina

que el azar desprecia,
pues deshaces
los años innobles
y el espacio quieto
ahora que mi boca deshila,
ahora que los vocablos
entrelazan la esperanza secreta de tu nombre.

VUELO

Porque talaron
los troncos
del bosque
que plantamos
y callan
los mirlos
en la fuente.

Porque suenan
las trompetas
y borran
los caminos
que a la muerte
te llevaban.

Porque los rostros
son estelas negras,
encuentros fugaces
en las plazas,
y traición es disfraz,
un vocablo inútil.

Porque todo está
y nada se parece,
espero aún notas
aladas de una fuga,
palabras de tus dedos enredados que no hallo.

SIROCO

La arena fue un espejismo
de amor con labios partidos,
mis manos ceniza muda,
late un río sobre el fuego.

Nos llama el viento con lengua seca.

REGARD SUR LA PALMERAIE

Yo he oído cosas dulces
de mujer de piel dorada,
y llevado por sus palabras
conocí luz en su abandono.
Me desvelaba en la noche
su mano prendida en ansias.
Un regalo de Dios, me decía;
sin duda, yo le respondía,

mientras los gatos miraban nuestros cuerpos desde los olivos.

CONDICIONALES

Si la vida no alcanza
si no cesa el recuerdo
si se mueren las flores
con la piel del silencio.

Si mirada estremecida,
si voces y desiertos
si abrazos disuelven
la ilusión más pura.

Si el alba trae la noche
si soy lienzo desgastado
si ángel cae en tu mirada
arrastra mudez de viento
ese latido quieto, compartido.

THE DOORS

Fuimos jinetes
en la tormenta,
mecidos de palmeras,
extraños en la noche,
oasis de recuerdos;

una, azul, desparejada,
entre cientos de babuchas,
al día siguiente.

IGNORANCIA

cómo saber
si eras tú,
aparecida
sombra
al filo
de las olas que todo devuelven a la arena.

LIBRO DE HORAS

Cuánto pesa
un minuto,
uno solo
de silencio.
Abate horas
que viviste
en tu espalda.
Y el mundo
calla su mudez
como los astros
tan lejanos,
tan vacíos,
enfermos informes
en su indiferencia.
Cuánto, cuánto
pesa un minuto,
el silencio.

LABERINTO

Te busqué en callejas
borracho de amnesia
y la vieja radio desgranó
las sílabas de tu nombre,
Rajae,
ahogado en una taza de café.

RUMÍ

Suma un huracán
el vuelo de la ternura,
la dulce apropiación
de cuerpos, quietud
de prados silentes
en espera de los días.

Canta el sufí silencio,
el rumor de la piel,
un temblor, dulce grito
girando eterno, distante.

AVES MUDAS

Callaron los colirrojos,
los vencejos no dibujaban
caligrafía aérea en el cielo.

Miraban mis ojos de arena
el paso oculto de los días
y el atardecer antes hermoso
de las aguas y cordilleras.

Enmudecieron los colirrojos,
fue refugio la rama leve
del temor de los vencejos.

Y el universo todo, negro
tapiz que tu sangre hiela,
se abatió como Azrael,
crepitaba como hojas,
muertas bajo mis pasos.

AUSENCIA

Anhelo la procesión
de troncos desnudos
en la grisalla
expuesta y feroz de la neblina.

Invoco la paz
del musgo hueco,
de profundis,
los brazos del infierno.
Espero la caída
amable de los lagos,
el canto de los dioses,
la plegaria de los pájaros,
tu ausencia plena.

DISTANCIA

Corría distancia
por tu mejilla
y mi brazo
lejos estaba
para enjugarla.

Pedí al cielo
y sus leyes,
a los astros
de voz silente,
la eternidad
del momento.

Pasó la luz,
fue rayo,
instantánea,
atronador
el brillo de tu mirada.

PRESENCIA

Estás,
a pesar de las mareas,
de las madejas rotas,
del canto que grillos
de cartón amordazan.
Estás, amor, pura esencia.

LA TIERRA OSCURA

Yo no sabía que tu playa
era un lugar incierto, vacío,
hasta que vi la ceniza
cerca de mi corazón,
donde tu mano no alcanza,
donde tu perfume impregna,
inútil,
las sábanas de nuestra cama.

ASTORIA CINEMA

Abjuré del cine un día
que tuvo final infeliz
y comprendí que pasó
la banda sonora fugaz
por mi vida en un suspiro,
que di besos imposibles
y mi primer plano era decadencia.

Y me hablas de la tierra oscura
y yo entonces miro las ciénagas
del alma, las nieblas del recuerdo,
comprendo que no basta tu mirada
para alumbrar ni un recodo del camino.

FUGACIDAD

Maravillarse por lo efímero,
buscar en ello la eternidad
que nunca alcanzamos,
asombrarse en los labios
del agua, en las alas altas,
frágiles, seguras, vacilantes
de las bandas de grullas,
creer, creer que un día
una palabra ayudó al mudo,
dolor de una lata de cola
tirada de hastío al muladar,
ser feliz un mísero instante
de luciérnagas que bailan
en las noches largas de frío,
de pesadillas que se enroscan
en la pacífica estampa de un faro en la bahía.

SAHARA

Cuerpo exangüe,
anhelo de sosegada
entrega.
Se unen voces
y los ecos semejan
dioses.

Estoy vivo por ti,
en campos de piedras,
desierto.
Dicen de naipes,
que cultivan sueños,
alma.
Duermes la alborada
y explotas de añil,
plena,
luz que arde en las caravanas.

NOCHE EN EL PALACIO BAHIA

Desaparecieron los jardines,
quedó la geometría hueca
de los parterres y el olvido,
la quietud simétrica del sultán,
dime qué pétalos deshojas
entre el perfil de tus muslos
y la epidermis del hambre,
de dónde traes ese gozo
con el que me rocías,

quizá yo confunda el nardo
con las arcadas del Bahía,
no me abata el espejismo,
tu mirada me escalofría,
y soporto el embate de la noche,
feroz, con espuma, el oleaje
que a tu alma ofrece mi cuerpo, feliz ofrenda.

STRANGERS IN THE NIGHT

Ven, abrázame en la cabalgada,
describa el aire un postrer dibujo
en mi rostro y la nube nos lleve,
dócil, en andante mobile, al final,
acompasado el cielo a la caricia

de tus dedos y a la espera infinita
de mi boca, como línea de asfalto,
esa que tragó el océano, en huida
de piel, de éter, de sol, de noche.

BOCANA

Llegué a puerto
tras las olas
¿eran traición?
furiosas el rayo
¿tal vez fatiga?
tormentas

sin saber
de la pólvora
que llevabas
en la bodega
de tu barco

solo zozobro
por destrozar
el pantalán
el faro la grúa
los muros albos
de tu casa.

SUSURROS FRÍOS

Puedo hablarte,
decirte al oído,
susurro a gritos
que noté latido
de palmeras frías
y sol domado,
que los gatos
nos esperan
pero no saben
que morirán
sin dibujar
nuestros cuerpos,
que las nieves
fundieron el Atlas
de nuestra victoria
y que somos agua,
amor oculto
entre cañaverales.

ESCRIBIR

Escribir porque escribir
es deseo y el deseo ansia
y el ansia sueños dormidos
sobre cartones en la acera.
Escribir al roce de un cuerpo,
sin temor ni respeto a las alas
angélicas detrás de la noche,
ni a la fiebre del robo otoñal
durante el sitio que las ninfas
imponen libres en el museo.
Escribir las oleadas de la calle,
escribir benditas las palabras,
escribir que la libertad guía,
escribir, a un riad donde de olvido
murió el escriba.
Escribir porque escribir se puede,
porque escribir se debe, por odio,
desengaño, inocencia y azar,
sobre todo por amor y por
trémulas esperas en un café
donde Brel aún canta a los viejos amantes.

CARICIA SILENTE

Cuando llegues,
evita la aldaba,
fluye en sueños,
entra como sobre
furtivo y sigiloso,
envoltorio con bellas
palabras de amor.

Cuando llegues
y yo duerma
enseñoréate
de los campos
de leche y miel,
dame a beber
agua de los ríos,
cuatro, que gozas
sin mojar tu caftán
blanco de esperas
en la puerta amable
de la noche.

No brames,
mar, no descargues
en mi orilla.

Compadece
este cuerpo inerte
en vida.

Arranca
la noche de sus dedos,
ya no están.

YANNA

Noche, ausencia, presente,
amor,
deseo, espera, latidos.
Es el corazón, la nostalgia, la gratitud,
labios pronunciados con tu nombre,
la paciencia, la inmovilidad, el engaño
de todas, de esta gran distancia,
rosas y jazmines, habitantes locos
en la piel huérfana del amante.

LUX IN TENEBRIS

Claridad del bosque despierto,
confundí la luz con tus brazos,
tu aliento con la piel del aire,

nunca nos debió adelantar
la noche eterna del invierno.

Escúchame, mi amor, soy la verdad del universo,
el centro de las circunferencias.

Ibn Arabi

Incendia el día
la certeza constante
de ti, tu vuelo.

Consume le jour
la certitude constante
de toi, ton vol.

Habla el mar,
porque lo amabas,
tiene un sonido distante.

Parle la mer,
puisque tu l´aimais,
son écho est lointain.

Muere en plata
la tarde y el viento
mece la espera.

Disparaît dans l´eau
le soir et le vent
berce l´attente.

Florece el cuerpo,
esperanza murmuran
aguas del paraíso.

S'épanouit le corps,
espérance murmurent
les eaux du paradis.

De todas las voces
del mercado una
grita su silencio.

De toutes les voix
du souk une seule
crie son silence.

Aguardo el paso,
voces roncas en las olas,
nieve en desierto.

Je guette le pas,
voix rauques dans les vagues,
neige dans le désert.

Destinos, vías del alma,
no sé si voy o vengo,
somos sombras entre rocas.

Destins, chemins de l´âme,
je ne sais pas si je vais ou je viens,
ombres entre les rochers.

Acontece la noche
pez en sombra
el mar del viento.

Jaillit la nuit
poisson dans l´ombre
l´océan, le vent.

Noche en blanco,
ventanas encendidas,
arde mi espera.

Nuit blanche,
incendie des fenêtres,
mon espoir t´embrase.

Navegué por la arena,
el amor, mapa sin rumbo,
dónde tu mano, mi pantalán.

J´ai vogué sur le sable,
l´amour, carte sans cap,
où ta main, amarre flottante.

El almuecín canta,
te borra el polvo y la sal,
nos lleva al mar.

Le muezzin élève son chant,
il te nettoie de poussière et de sel,
il nous emporte vers la mer.

El escenario
desierto de luz,
la rama tiembla.

Notre décor
désert de lumière,
la branche tremble.

Serenidad y ausencia,
silencio en júbilo,
bajo la ceniza, fuego.

Sérénité et absence,
silence en joie,
sous la cendre, feu.

Todo lo consumado en el amor no será nunca gesta de gusanos.

Ángel González

Estás, a pesar de las mareas, de las madejas rotas, del canto que amordazan grillos de cartón. Estás allí, quisiera amor, inabarcable esencia, y vuelvo con las manos vacías, se me escurrió tu nombre con la arena de la duna blanca.

Salimos los actores del escenario. Alguien nos apagó los focos. Una butaca cruje. Queda mi silencio entre las ramas, dentro de los árboles.

Dios conocía
sin yo saberlo
mi destino.

¿De qué hablas?,
rasgaste el silencio.

De ti.

Miro los astros,
te busco,
jardín oscuro, firmamento.

Fluyen las praderas,
crecen los ríos, cuatro,
goza feliz mi tristeza.

Mis dedos acarician
los bordes de la noche,
expandida calma.

ROSE DE DOULEUR

El dolor son pétalos
que asfixian la luz,
un túnel de furia,
un perdido combate,
la luna desparramada
por el río de una calle,
una gubia hundida,
la terca presencia
de recuerdos inútiles,
entre dedos de espuma.
El dolor es un rosario sin cuentas
que pierde los vocablos,
impostura del poema.

GANGRENA

En la telaraña de la noche
rodean castillos de arena
la hiel de tu recuerdo.

Enturbiado este juego de la vida,
no envidio a las parejas,
que dejarán de serlo un día.

Ahogadas las golondrinas,
siempre oscuras en invierno,
infierno no temo pues lo padezco.

Marcada hora por el bisturí, extirpan
dedos de tinta, *inch allah*, la gangrena
que teje el alma.

LUZ EN SUS DIEZ ESTACIONES

Lentísima, ajena a mi insomnio
la aurora derrama su miel
sobre el lomo del mundo.

Las sombras se doblan,
frágiles, ante mis ojos,
antes de hacerse memoria.
La claridad —pura geometría—
dibuja aristas en los cuerpos,
los quiebra en ecuaciones.

El mediodía queda suspenso,
un vértigo que desangra
el ojo inmóvil del cielo.
Las horas caen, mansas,
como planetas vencidos
sobre el mantel del aire.

La tarde envuelve en ceniza
un oro que se desvanece,
polvo de engaño tanto.

El ocaso y su traje roto,
hilvana fina sombra,
finge ser luz todavía.

La penumbra teje su red,
atrapa lo que una jornada
sin nombre petrificó en sal.
La noche no es oscura:
es un alba al revés,
el vientre de los astros.
Tal vez mañana vea,
ciego,
que una astilla de luz
muerde el horizonte.

DETENER EL VIENTO

Domino la sombra,
tatuada está la piel
con rastros de ceniza.
Omito la marca del rayo,
una eternidad sin mapa,
sin cauce, sin destino.
Ocultos quedan los mensajes,
enigmas ciegos en el agua,
peso de lo que nunca fue,
luna de recuerdos, veneno
al alba.

HIEL DE ESTRELLAS

Deshoja la memoria
sangre, hiel de estrellas,
por ti cruzaría el abismo
sobre el puente de Sirat,
por ti rompería el tiempo,
embriagaría los versos,
pues el alma no te nombra.

MENSAJE

Nos perdemos —una y otra vez—
en jardines que ya no existen,
vivos en la bruma de la memoria
donde el ámbar domina el aire
y los parterres trazan simetrías
con limoneros, rosas y arrayanes.
Allí donde tú vives y nada muere
las flores no se apagan ni caen,
ardiendo inalterables en su blancura
como si cada pétalo que asome
fuera una página de luz intacta,
trazada por el cálamo de los astros.

Alcánzame tus cartas, no tiemblo
todavía,
rompe el lazo, deja que caigan
como hojas de abril
sobre esta tierra antigua, sin palabras,

y que el tiempo ya no arde.
No tengo miedo de leer lo que
duele,
eso que tu silencio guarda
pero aún golpea como un martillo
el aire.

RAJAE

Dime tú, amada,
por qué vuelan
los pájaros
si tu corazón
no late.

Rasga la noche,
destruye el velo,
siente otra vez
la sangre.
Por qué mi mano,
destinada a la tuya,
se esconde en el bolsillo,
fría.

Cómo alinear
ahora los astros,
la razón del mundo.
Brillará otra vez,
como tus ojos,
el haz de luz,
el abrazo eterno
del faro, en Casablanca.

Dis moi, amour,
pourquoi volent
les oiseaux
si ton coeur
ne bat plus.

Déchire la nuit,
détruit le voile,
sens à nouveau
le sang couler.
Pourquoi ma main,
qui t´était destinée,
se cache dans la poche,
froide.

Comment aligner
maintenant les astres,
la raison du monde.
Brillera à nouveau,
comme tes yeux,
le faisceau de lumière,
l´étreinte éternelle
du phare, à Casablanca.

Índice

Este libro se terminó de editar en Granada
en julio de 2025 por

Aliarediciones

www.aliarediciones.es
info@aliarediciones.es